ŒUVRES
DE MALHERBE

ALBUM

IMPRIMERIE GÉNÉRALE DE CH. LAHURE
Rue de Fleurus, 9, à Paris

ŒUVRES
DE MALHERBE

RECUEILLIES ET ANNOTÉES

PAR M. L. LALANNE

ANCIEN ÉLÈVE DE L'ÉCOLE DES CHARTES

NOUVELLE ÉDITION

REVUE SUR LES AUTOGRAPHES, LES COPIES LES PLUS AUTHENTIQUES
ET LES PLUS ANCIENNES IMPRESSIONS

ET AUGMENTÉE

de notices, de variantes, de notes, d'un lexique des mots
et locutions remarquables, d'un portrait, de fac-simile, etc.

ALBUM

PARIS
LIBRAIRIE DE L. HACHETTE ET Cie
BOULEVARD SAINT-GERMAIN, N° 77

1869

Armoiries de François de Malherbe.

Ces armoiries ont été dessinées et chromolithographiées par MM. Engelmann et Graf, d'après une gravure qui se trouve à la Bibliothèque impériale (département des manuscrits, fonds français, n° 9535, f° 126).

ARMES DE MALHERBE.

Chromolith. Engelmann & Graf, Paris

Portrait de François de Malherbe.

Ce portrait a été dessiné par M. Auguste Sandoz, d'après Dumoustier (ou Dumonstier), et gravé par M. Pannier. Voyez tome I, p. cxxv–cxxvii.

A Sandoz del. d'apres un portrait du temps par Dumoustier. Pannier sculpt.

Vue de la maison de Malherbe à Caen.

Cette vue a été dessinée par M. E. Thérond, d'après une photographie.

MAISON DE MALHERBE A CAEN.

Chanson de Malherbe,

insérée en 1615 dans les *Airs de cour*, avec la musique de Boysset (ou Boesset). Cette musique a été harmonisée par M. Charles Gounod.

AIR DE COUR

HARMONISÉ

PAR

CHARLES GOUNOD

1864

Poésie de MALHERBE.

Musique de BOYSSET.

Lent.
CHANT.
PIANO.
Ils s'en vont ces Rois de ma
vi - e, Ces yeux ces beaux yeux,
Dont l'es - clat fait pal - lir d'en -
vi - e, Ceux mes - mes des cieux.

Dieux a_mis de l'in_no_cen_ce, Qu'ay-je fait
pour mé_ri_ter Les en_nuis où cette ab_
sen_ce Me va pré_ci_pi_ter?
Les en_nuis où cette ab_sen_ce Me va pré_
ci_pi_ter?

FAC-SIMILE D'AUTOGRAPHES

1° Stances pour Alcandre, imprimées au tome I, p. 158 et 159. — L'original est à la Bibliothèque impériale (fonds français, n° 9535, f° 129).

Pour Alcandre

Que d'espines, Amour, accompagnent tes roses
Que d'une aveugle erreur tu conduis toutes choses
A la mercy du sort
Qu'en tes prosperitez a bon droit on souspire
Et qu'il est malaisé de vivre en ton empire
Sans desirer la mort!

Il est vray que je sers une ieune merveille
En rares qualitez a nulle autre pareille
Seule semblable a soy.
Et sans faire le vain mon aventure est telle
Que de la mesme ardeur que je brusle pour elle
Elle brusle pour moy.

Mais [illegible] parmy tout cest heur, o dure destinee
Que de tragiques soings comme oyseaux de Phinee
Me sens-je devorer?
Et ce que je supporte avecques patience
Ay-je quelque ennemy s'il n'est sans conscience
Qui le vist sans pleurer?

Les vents en l'ocean tant de vagues n'irritent
Comme j'ay de pensers qui tous me sollicitent
D'un funeste dessein:
Je ne trouve la paix qu'a me faire la guerre
Et si l'Enfer est fable au centre de la terre
Il est vray dans mon sein.

Depuis que le Soleil est dessus l'hemisphere
Qu'il monte ou qu'il descende il ne me voit rien faire
Que plaindre et souspirer
Des autres actions j'ay perdu la coustume
Et ce qui s'offre a moy s'il n'a de l'amertume
Je ne puis l'endurer.

2° LETTRE de Malherbe à Peiresc, écrite en janvier 1607, imprimée au tome III, p. 25 et 26. — L'original est à la Bibliothèque impériale (fonds français, n° 9535, f° 22).

Monsieur, J'ay receu deux de vos lettres tout en un jour, mais pour cela je ne loueray pas vostre diligence car j'avoys esté pres d'un moys sans en recevoir. Je vous y respondray par un [illegible] qui doit partir au premier jour. Cettecy sera une recommandation pour mons. moreau premier commis du Tresorier de l'Espargne. Imaginés vous tout ce qui se peut dire en escrivant pour ~~[illegible]~~ vous prier de vouloir assister un mien amy, & pensez que je le vous dis & le desire. Ne regardez point a celuy qui vous prie mais a celuy pour qui vous estes prié. Il n'y a rien au monde de si courtois ny de si officieux. Et je m'asseure que quand [illegible] il s'offrira quelque sujet de le servir en vostre endroit, vous penserez que je vous auray fait un plaisir bien grand & bien particulier de vous avoir fait interceder pour un homme de son merite. Apres vous avoir dit cela, ce seroit chose superflue de vous dire que j'estimeray ce que vous ferez pour luy comme fait a moy mesme. Car ce seroit vous bailler une mauvaise debte pour une bonne. Mais puis que vous m'aimez, je me dispenseray de croire que ma priere ne luy sera point inutile. Je la vous fay donc tres affectueuse. Monsieur & demeure eternellement pour vous tres affectionné serviteur

fr. demalerbe

3° Post-scriptum, écrit en partie en chiffres, d'une lettre de Malherbe à Peiresc, datée du 17 août 1621, imprimée au tome III, p. 551 et 552. — L'original est à la Bibliothèque impériale (fonds français, n° 9536, f° 24).

J'espere estre dans quinze iours ou trois semaines
a Paris, ou suivant la disposition ou i'y
trouveray les affaires, ie pourray bien me rendre
a V.M. accompagnee en Provence.

hnyrferprhrαheεtrarenyαqrεprfgrαhxyyr
α me dyt l'autre iour en bonne compagnie que zbaα
fxrheϱqrαexrmjαδ luy auoit dit que hαbhfωcra
λfxrm§ auoir fbaεrhμ§rfpφurα mais queαhbhf
ε[illegible] hbαhf eeβzicxrmεbien & se tournant
vers μαzblαr zrεqxfgαxyanxzrεαthrerfα
z§zbaεfxαrhe [illegible] qrcrxerfα
αb.

4° Lettre de Malherbe à Peiresc, datée du 4 octobre 1627, imprimée au tome III, p. 577 et 578. — L'original est à la Bibliothèque impériale (fonds français, n° 9536, f° 4).

Monsieur

Je ne suis pas si elegant comme ce dernier [illegible],
mais je suis sincere, et vous qui estes sçavant,
ne faites pas mieux que moy. Vous avez icy
monsr d'Agat qui vous fait ~~[illegible]~~ penser que
vous n'avez que faire des autres ^escrits. Vous avez ~~[illegible]~~ raison,
il ne manque point de bons amis. l'opinion que
j'en ay n'est pas une des moindres causes de mon
~~estime~~ heureux [illegible]. Il faut tout [illegible] bon de ses amis. Je
croy ~~quand~~ que quand les autres fois vous auriez voulu
contester particulierement avec moy, la [illegible] a cette
heure que vous me voyez embarrassé dans une si
malheureuse affaire comme celle de la mort de mon
pauvre fils, vous ne feriez point difficulté de me remettre
[illegible] de mon droit. Je desire tousjours vos
bonnes graces. [illegible] ne me manquera que des occasions pour
vous tesmoigner. Vous verrez [illegible] de nouvelles
~~[illegible]~~ [illegible] sur le [illegible] d'esprit
au [illegible] vous mande le [illegible]
les affaires [illegible]
vous souhaitez cette mien. [illegible] mes affaires, les
[illegible] ^peut estre [illegible] que tous [illegible], par ce
que je les laisse en repos : mais je [illegible]

que avec l'aide de Dieu de le trouverent accabler
d'un costé deu de ne s'en acquitter pas. Monsr
de Gordes si vo le voyez vous dira avec quelle
affection le roy me promit qu'il n'auroit jamais
de grace ny d'abolition. Il y a pour tesmoin
Dieu scait vre le desp[illegible], à la verité l'horreur
de l'assassinat, & la basse condition des [illegible].
Il m'est [illegible] de les [illegible] pondre. [illegible] du [illegible]
m'asseurasse que j'aurays [illegible]. Si vo [illegible]
[illegible] bon [illegible] il y a [illegible]
[illegible] donnée. Mon [illegible] a [illegible] retardé
Adieu Monsr je parle a vo [illegible] a mon [illegible]
aussy [illegible]

Vre tres humble & tres affectionné
serviteur Malherbe

www.ingramcontent.com/pod-product-compliance
Lightning Source LLC
Chambersburg PA
CBHW060525050426
42451CB00009B/1170